ネネまりの保育日誌

作・絵 しみず まりこ

この本の中の出来事は、
人生ベテラン、されど駆け出し保育士の私が
子ども達と関わる日々で
体験したことばかりです
"どうしたら　笑顔にできるかなー"って、
毎日考えるのって、幸せなこと
子ども達との時間は私の大切な宝物です

子ども達は私の額のほくろが気になるらしく
『なあに?』って聞いてくる
その度に「先生の大事なお守りのほくろ」
って答えることにしている
触ってみたがる子には
「やさしく　そっとね」ってお願いする
(お地蔵様と同じ所にある)って気がついた
子どもの頃からなぜか気にいっている

それぞれ違う個性の集まりの中での営みだからこそ
家庭では表出しないような、子どもなりの他者への思いやり
困っているゆえの行動があるかと思われます
保育士だからこそ見られるのではないかと思う子ども達の
すてきなシーンもたくさんあって、できれば直接お話ししたいほどです
この本を開いて下さった大人のあなたの幼き頃の姿かもしれません

文芸社

保育園の朝は、送ってくれたおとうさん、おかあさんと別れがたくて泣けます
特に新年度の４月のたびに
少し慣れた頃の５月連休明け
に再び

おかあさんの
スカートの中に
隠れて…
（今だけの期間限定
　行為デス）
顔見せてくれない

悲しい理由を
訴えながら
泣くおっくん
（先生も早く
　仲良しに
　なりたいよー）

おとうさんにしがみついて
はなれない

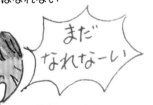

まだ
なれなーい

みんな
しっかり
ハグしてもらってる

隠れながらも
こちらの様子を
うかがってる

５月どころかかなりの間泣いてたシューくんが、
年長クラスになった演奏会では堂々と大太鼓の担当だった！

ギューっと足を絡めて
絶対に離れたくない！

…けど　か？
…だから　なのか？
何しろはなれたくない

私は横に
回り込んで
「シューくん
　見ぃつけた！」
などと
誘ってみる

１才クラスの時からこの園にいた子どもが多い中
２才クラスから仲間入りのルルちゃん
はにかんで、ちょっと困り顔をして入ってくる日があります
そんな時はなぜかつま先立ちで歩いてる

♪ルルちゃん　ルルちゃん　にらめっこしましょ
　笑うと　負けよ　アップップのプ

──笑ってくれた──

「スケートのポーズで登場の
　キイちゃん
　ここでクルリと回転
　してみまーす」
と、場内アナウンス風に言ってみた

まわりのおともだちも
巻き込まれて笑ってる

やっと部屋には入れたけど
おとうさんの手をはなせないキイちゃん
おとうさんはちょっと困り顔
手を引っ張りながら
膝で押している

回ってくれた！

そしてサッサと
お約束の手洗い
してくれました

声かけ成功の朝
もあります

3

朝、おかあさんに行かないでほしくて
スカート引っ張ってる
フウちゃん

あっちへ
いって！

「ママに
　行ってらっしゃい
　しようか」
と、私が迎えに
行くと…

ちょっとへこむ♪

いたーい
よ〜

↑
ド迫力

キッズカーの座席に
指を挟んで大泣き
冷やしていると
『血しょう板が
　血を止めてくれるんだよねー』
難しいことを知ってる！
「大きくなったらお医者さんに
　なってほしいなー」
って言ったら

やっと
行ってらっしゃい
できたけど
しばらく機嫌は
悪〜い

アダブラ
カダブラ
かわいい
お顔に
もどれー！❤

※お顔になーれはダメ
　もどれが大切
　元は良い！ってことだから

きれいな歯並び
ニッコリすると
二本の前歯が
際立って
なんとも可愛いのです

キティちゃん
に
なりたいの

抱きしめたくなる
瞬間です！

4

お散歩や外遊びの前には、トイレに誘います

私はサリちゃんを誘って
無理やりではなく
手をつないで
トイレに行った

大丈夫
ですか〜？

クラス担任の先生
のぞきに来た

（
そりゃそうだ
トイレから大泣きの声がしたら
心配になって当たり前
）

ママが
いい〜〜

大音響!!

いつも
『自分で！』ってやりたがるから
「自分でできるかなー？」
って、私が言ったら
本当にそう言っただけなのに
『ママがいい──!!』
って突如大泣き
エッエー!?

（疑われてる!?）

ハッ!!
わたくし
たとえ粗相しようとも
練習中の子ども達
怒ったり
叱ったりなど
したことは
断じて
ございません！
　　　ビシッ!!

**2才クラスは
トイレトレーニングがとても大切**

**トイレ嫌いにならないように考えてみた
歌うように、遊びのように…と！**

うまく用が足せたら
大きく喜んでみせてあげる

トイレで 出ると
気持ちいいよね〜！

おむつ替えも
パンツやスパッツを
はかせる時も

歌うようにリズミカルに
声をかける

そうよねぇ…有名な人や
名のある場所から発信されて
ないと信用しかねるものかも
何でも最初は誰かが
作ったんだけど…

ある時
他のクラスの先生が

それって
Eテレか何か
ですか？

自作
です！

って声かけてくれた

って
答えたら

興味ない顔になって行っちゃった

「転んじゃうから
先生の肩を持っててね」
足を入れやすいように
広げてあげて

♪みぎのあし
　ひだりあし
　じゅんばん
　　じゅんばんに
　はきましょう

パンツを上げる仕草を見せて
♪おへそをかくして〜
　おしりもかくして〜
（様子を見ながら）
ほ〜ら　上手にできました！
とか
上手にはけたかな〜？

（慣れてくると）
「はい　どうぞ」
と言っただけで
子ども達は
自分でパンツを
上げる

※左足を先に出す子が多いのに気づいた。ということは右利きの子が多いってこと？

自分からトイレに行こうと
誘ってくるヤーくん

まだ
でてないよ

ちょっぴり
出ちゃったかも
の時も

落ち着いてすわってみると
我慢がゆるむのか
残ってる分があるみたいで
出てくることが多いから
「すわってみようか」と
誘っている

こんなやりとりしてたら…

でないよー

きっと
出るよー

ちゃんとトイレで出た後は
足を出してきて
「♪みぎのあし　やってー」って
私のパンツのはかせ方が
気に入ってくれたみたい
子ども達のために考えたことを
子ども達が受け入れてくれたことが
嬉しい私です
右と左を覚えてもくれたようです

あらら…
膝の辺りが生あたたかい!?
大事なモノが曲がってたらしく
後ろに出ちゃった！
こんなことも　あるある　なんです

「今日はどっちの足からにしようかなー？」と聞くと、左足からの時も
あえて時々変えてみる

子ども主導の歌謡ショーが…！

積み木に大小の
ホック（留め具）がついていて
繋ぐことができるので
ある時、マイクのように
組み立ててみたら、リリちゃんが
歌い出し、そのまま
２才クラス歌謡ショーが始まった！

うっとり目を閉じて
歌うリリちゃん

『ダメダメ
つぎは、わたし』
と、アコちゃん

『つぎは
ぼくが
うたいたい』

おとなしく引き下がる
ディーくん
けど、どんどん
やるせない
表情に

私は
大きく拍手
して

パチ
パチ
パチ

すると
一転
めっちゃノリノリのディーくん
ニッコニコで
歌ってくれたのです

♪ はしりだせ〜
はしりだせ〜

「お待たせしました
では、ディーくんに歌って頂きます
ディーくん　どうぞ！」

担任の先生と思わず目が合って笑い合ったのです！

8

2才クラスの中でもお世話してあげたり、してもらったり

髪飾りのように
したり
シャツの裾に
グルリと
つけたり

鼻水を
拭いてあげる

靴下はくのに手間どってるおともだちに
はかせてあげてる

できなーい

自分の靴は
まだ
はいてない

洗たくバサミ
のような仕組み
繋げて遊ぶ

時々
ダメダメ砲がとび出す
アコちゃんがおとなしく
されるがまま

時々
ミニドレッサーの前で
ままごとをして
自分の姿を
確かめている
おませさん

これで
いいのー

たたんで
な〜い

注意するつもりも全くない
ただ目が合っただけ

自前の新作ドレスに仕立てて
目を閉じ、なりきって歌い上げるリリちゃん
手を繋いで楽しそうに歌うアコちゃん

よく気がついて
おともだちのお世話を
してくれるのです
だから…？　だけど…？　自分のことは大ざっぱで後回し
私、こんな愛すべきリリちゃん気質大好き！

9

朝　まず仲良くなるには…

きょうは
お花畑のお洋服ね

ふわふわしてて
あったかそうね

シベリアン
タイガー
強そうで
かっこいいねぇ

保育室に入ったら靴下を脱ぎます
電車が大好きなトトくん
脱ぐ前に柄を見せに来てくれる
左右違う電車の柄の時もあって
おかあさんに尋ねると
自分で決めてるとのこと

そこでメーカーさんに提案
左右同じ絵柄で揃えず
4〜5足分を1セットとして
違う絵柄にするのは
どうでしょう
片方なくしたり、破れたからといって、
はけなくなることがないように

偶然
同じ柄のシャツの
フウちゃんとユコちゃん

「同じお洋服、仲良しだねぇ」と
私が言うと二人共ニコニコ嬉しそう
（ここ大人と違うところ？）
子ども達が身につけている物や
お手拭きのタオルハンカチなどに
"いいね"の気持ちを込めた
言葉かけをするようにしている
私の子育て期（1980年代）の頃から
「アンパンマン」のキャラクターは子ども受けが良い
3才くらいまでは一番人気！
生み出してくれた、やなせたかしさんに感謝です

ネネまりせんせいの
すきな
タイガーの およふく
もってきたよ

―何日か後―

ジャーン!!　キラリくん登場

この日は
さっさと着替えて
見せてくれたのです
（なんて可愛いの！）
こういうことが
私には
幸せを感じる
ひととき です

2才クラスって、こんなほほ笑ましいことも…

はい
きれいに なりました

ありがとっ！

イェ.
どういたしまして

誰にでも、大きい物が出た後はお尻を拭いてあげてる
すると、歯切れ良く『ありがとう』と言われて、驚いた
こんな風に言ってくれたのってキラリくんが初めてよ！

もう キラリくん たら
うるさいんだから…

わたし
ヨウくんが
すき

時々大人のような口調の
ルルちゃん
目をキラキラさせて
エンジン全開で動き回る
キラリくんのことを
ちょっと前まで、
『好き！』って言ってたよねぇ
私はずっと好きよ、キラリくん

４月が誕生日の
ヨウくん
落ち着いた物腰の
ジェントルマンタイプ
車にめっぽう詳しい
あっさり心変わり
したらしいルルちゃん
でした

（手伝わないで！）
って指令
　私はただ甘やかしてる
　　んじゃないことを
　　　わかって欲しい
　　　　のですが…

2才クラスは水遊びをする夏頃から
着替えや靴、靴下の着脱を
自分でできるように誘導する
『自分で！』したい時もあれば
『できなーい』って手伝ってほしい時も
私が気になるのは…
一見自分ではけてるようでも、
靴下のかかと側が
足の甲側にきてる子が多いこと

ぱっちりお目々の
トコちゃん
常に行動をする前に
じーっと周りの様子を
見ている
手を振ると、目で
返事してくれる

コロナ禍で
マスク保育の弊害が
取り沙汰されてる
けれど、目の表情と
身体を使っての
大きなアクションで
かなり伝わると
感じている

私は丁寧に教えたい
そのままでは靴が脱げやすいし
はき心地が悪くて不機嫌の元になることも
はき直しがちょっと嫌な子も、そのまま
「ぐるっと回して、かかとのあるここまで
連れてきて」 と誘うと嫌がらない

私の言葉が
聞こえたらしく
隣ではいてたトコちゃん
自分で靴下を回して
直してた
（あー伝わってる）

ある日の着替えの時

着替えが嫌で
あばれん坊に
なってるヒイくん
私が困ってるのを
見ていたよう
なのです

トコトコってやってきて
頭をなでなでして、
なだめようとしてくれました

上手に乗れる
ようになった
おともだちを
見ていて
自分も
三輪車に
乗ってみたく
なった
オッくん

担任から指示がとぶ

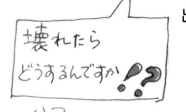

オッくんを
乗れるようにして
やって！

（ムチャ振りヤン◊）

慣れないうちは
ペダルから、どうしても
足が外れてしまう
私は子どもの足を支えながら
「ペダルから足をはなさないで」
「上がってる足をグイッて押すよー」
「力強く　いち、グイッ！　にい、グイッ！」

そうだ！
乗って見せてあげよう
（オー乗れるヤン私）

壊れたら
どうするんですか！？

ハアッ
スンマセン◊

「ほら〜
こうして
こぐんだよ」

子どもってすごーい！
次の日、そこそこ、こいでる
2〜3日後は、スイスイ、乗ってる

メーカーさん
　　　作ってほしいなー
大人が乗っても大丈夫な
"大人が乗れる三輪車！"
子どもサイズのままで良くて
耐荷重は50〜60kgくらいは
ある物
そしたら子ども達と競争ができる
大人は無理な体勢で
乗るというハンディが
あるから、不公平ではないはず
イエイエ
子ども達の方が上手く
乗りこなせるから、
大人は勝てないかも
やってみたいな
"ヨーイドン"って！

天才!? テンちゃん回すのが大好き
そして うまい

これが
コマ（独楽）

ボール
丸い物は
回る

回る

手首の返しが
ちがう

0才クラスの時から
いろいろ回してるテンちゃん
けど、教えたことはないって
おかあさんの言葉

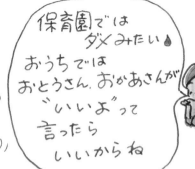

保育園では
ダメみたい

おうちでは
おとうさん、おかあさんが
"いいよ"って
言ったら
いいからね

ゴメンナサイ
スンマヘン

コマ
独楽 しか
回したら いけません！

と、ソッと言った

この年度の2才クラスでは
ダメになっちゃった

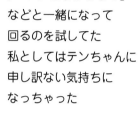

「コレ、どうかしら？」
などと一緒になって
回るのを試してた
私としてはテンちゃんに
申し訳ない気持ちに
なっちゃった

1才クラスでも
目についた物を
次々に回して、周りを
楽しませてくれてた

三角やら四角やらの
磁石でくっつく
フレームパーツ

これを
ひっくり
返すと
底は皿状に

ここ軸

これを
8個
合わせると球体に

回る！

ここで回すと回転が速くなることを発見

ままごとの
鍋のフタ

ここを軸に

こちらも回る

プラスチックの
井桁ブロック

ここを軸に

中が空洞のプラスチックの組み木

床で回すと あっちこっち
動き回る

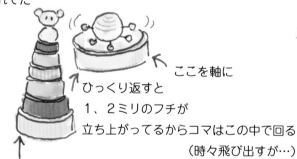

ここを軸に
ひっくり返すと
1、2ミリのフチが
立ち上がってるからコマはこの中で回る
（時々飛び出すが…）

こんな風に積み上げる
カップ状の玩具

何でも夢中になれるテンちゃん

♥アンパンマンが好き

『描いて』って言われるから
アンパンマン・バイキンマン他
10キャラクターくらいを絵描き歌にした
そうするとすぐ描けるから
お絵描きを推奨してないのか、この年の
2才クラスでは自由に使える紙や筆記用具を
常に使えるようにしてない
だから床や空中に指で描くと
けっこう伝わっているようで
最後のフレーズを歌うと
キャラクターの名前を答えてくれる
テラスにはチョークで描いた
（しばらくしたらチョークが消えてた　NGらしい）
園庭では枯れ枝をマッチ棒くらいに
折って、地面に描いていると
他のクラスの子もやってきて、足で
消しにかかってくる
"♪ケシゴムマンがやってきて
　　あっというまに消えちゃった〜"
また描く
すると、待ってましたとばかりに消しに来る
描いて消しての追いかけっこ
子ども達が喜んでる様子が見える
意外な遊びに発展

♥電車も大好き

他にトトくん、カンちゃんも
乗り物の絵本が取り合いになるくらい
電車好きの男の子は多い
「東海道　山陽本線」の説明文を
読んだらすぐに言えるようになった
大いに褒めた
夏場"自分で着替える"練習が始まった
アルバイトのお姉さん先生に甘えて

できな〜い

お姉さん先生
困ってる

私が横から
「難しいのに　トウカイドウ
　サンヨウホンセン　が言えちゃう
　テンちゃんならできるはず！」
って言ったら
スッと立ち上がって、自分でできました！
褒めるのって効果抜群！

♥絵本も好き

ただ読んでもらうのじゃなく、何度か
読んであげるうちに言葉を覚えちゃう
2、3の単語の文章をそっくりそのまま
言えます
「その通り」「ピッタリ合ってます」
「よく読めました」など
褒めモードの合いの手を入れます
一緒に見てる他の子も読みだす
（まねっこ発声します）

♥このごろは文字に興味ありあり

自分の頭文字はすぐ見つける
私はテンちゃんの相手だけしてるのでは
ないのです。周りの子ども達も
巻き込むようにしています
けど、その中心にテンちゃんがいることが
多いから…？

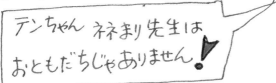

テンちゃん ネネまり先生は
おともだちじゃありません！

って、担任の先生に時々注意されてしまう
（私は子ども達とともだちになれる
のが嬉しいんだけど）
テンちゃんも私もしょんぼりしちゃうのです

園庭では兄弟・姉妹みたいに仲良くなれる

ちょっと前まで『できなーい』って
半泣きだったり、自分の靴をはくのも
もどかしかったお兄さん、お姉さんが
小さい子の靴下や靴を一生けんめい
はかせてくれるのです

ほほえましい光景が
あちこちで見られる！

園庭に出ようとすると
弟のトトくんを素早く見つけて
お世話をしてくれる
優しいユウにいに（兄）
がいる

大きいクラスの子は
キッズカーや箱ぐるまなどに
小さい子を乗せて、押したり引いたりして
遊んであげている
ほとんどの子どもが
自分より年少の
子ども達に優しく
接してくれる

実の兄、姉、弟、妹
じゃなくても、お気に入りの
関係ができているのか？
小さい子が大きいクラスの子に
走り寄って行ったり、迎えに
来てもらったりして嬉しそうに遊ぶことも

大きいクラスの子ども達は
アーチ型のアスレチックも
全身を使って、てっぺんまで
登ったり、向きを変えて
反対側に下りたり
できる

5才クラスになると
1、2才クラスの
子どもを抱っこ
できたりする

おっとっと!!
1才クラスの小さい子が
大きいクラスの子に続こうと
必死に足をかけようとしている

小さい子ども達をいじめているのを
見たことはないけれど、子ども同士で
遊んでいるとどちらも大胆になる
体格や成長の度合いが近い
同じクラスの子どもだけじゃないから
私は、より注意深く見守っている

シーソーは
体重が大きく違うと
バランスが崩れて
危ないから注意している

子ども達はおんぶが大好き

すわって子ども達の
遊びに入っていると
私の背中にくっついてくる
子どもが
　　いる
　　　　いる
　　　　　　いる

『わたしも〜』『○○ちゃんも〜』『ぼくも〜』
背中でこぜり合いになっちゃった
転んでケガしちゃったら大変
「おしくらまんじゅうしないでね
　先生助けてあげられないから」
「1人ずつ順番にしてね」
と、当たったら交替するルール
を作った

「この子はだあ〜れ?
　だれでしょね?」
　<u>かわいい</u>（だけじゃなく）
「ママに元気良く
　行ってらっしゃいができた
　○○ちゃんじゃないでしょか?」
と、その時の様子を言ってみる
ことも
右に左に振り返って捜すふり
をすると、隠れようとして
喜んでいる様子が伝わってくる

なかなか下りてくれないと…
「先生がずっと
　おんぶしてると
　せっかく格好良い
　お兄さんになったのに
　赤ちゃんに戻っちゃうから
　困ったなー」
これでだいたい
下りてくれる

キリッ
ピシッと
決めて
　くれる

「大丈夫?　戻ってないかポーズしてみて!」

あかちゃんに
してー♥

最初に
『赤ちゃんにしてー』
って私の膝に入ってきたのは
3人きょうだい
まん中の
アッくん

ハットくん！もうすぐ
おにいさんクラスよ
赤ちゃんじゃないの！

『ぼくもー』と
いい子にして
待っててくれた
ハットくん
いきなり叱られて
私が良かれと
思ってしたことが
ハットくんを
傷つけてしまって…
この日はずっと
心が痛かった

叱られたと思ったらしく
素早く膝から下りて
本棚の陰に隠れて
悲しそう💧

ハットくんが悪いんじゃ
ないよ
ねえまり先生が
いいよって
言ったんだもん
ゴメンネ💧

この様子から
この子は以前にも
強い調子で叱られたことが
あるのでは!?　と思ってしまった

前年の
2才クラスでは
おんぶ遊びも
してたんだけど…

時々は
赤ちゃんになりたい
気持ち、わかるよ！

2才クラスの保育補助が多い私は
毎年同じような発達段階の
子ども達と関わっている
その時々の担任の先生の指示に
従うしかないのだけれど
先生によって方針に違いが…
私は少しでも子ども達の
心の栄養になるような
言動を心がけているのだが
なぜか注意されることが多い
2020年からはコロナ禍が
始まり、要マスクでの保育を強いられている
（※イラストはマスクを外して表現）
しかし、私はこの2020年度の
2才クラスの子ども達と過ごした
1年間がとても楽しく印象深い
それはきっと担任の先生達のまなざしが
温かくて、私も伸び伸びした心持ちで
子ども達に関われたからだと思う
この時の子ども達の可愛さをたくさん
発見できて、絵にして残したいと
思ったのが、この本作りの始まりです

看護師見習いのような日も

毎朝、大好きなお姉ちゃんに
しっかりハグしてもらってる
タロくん
なかなかはなれられない

体調不良で
何日か休んでて
久しぶりに登園
その日は
おかあさんから、なかなか
はなれられず
いつになく大泣き
「ゲロンパ（嘔吐）
　出ちゃうから
　涙くんサヨナラ
　できるかなー」
なんて言いながら
　背中さすってあげたんだけど
　（あー出ちゃった💧）

後片付けしたのは私
タロくんその後しばらく
私の所に来てくれなく
なっちゃった
辛かった時のこと思い出して
しまうからかなー？

ちょっと
引いてる
男の子
怖いもの見たさ
でのぞいてる
男の子

ネネまり せんせい
がんばってー ❤

4才クラスの
しっかり者ルナちゃんが
応援してくれた

防護服のような
装いになってる私
子ども達を
遠ざけて片付け
消毒作業

2、3日後の朝も
体調不良が
あったらしい
4才クラスの
マエちゃん
ゲロンパ

消毒液入り
バケツ

使い捨て
汚れ拭き布
新聞紙etc.

二重にしたビニール袋

汚れ物にフタをする物

夏場は
園庭など
蚊取り線香の
設置

毎朝の園庭遊具の
汚れ拭き取り
破損の点検も
兼ねて

保育室内
ロッカー
玩具、本…

コロナ禍では
消毒作業も
増えるばかり

園庭も
園の前の小径も
掃除しながら
子ども達を迎えて
いた年もある
落ち葉はいいけど
犬のウ○チ
ポイ捨て
タバコの
吸いガラも
これらは困り物

1、2才クラス人数分の使用済みおむつ入れのフタ付き容器があった
その容器は週末に外の洗い場で洗って、消毒して、天日干ししていた
これもなぜか保育士の私がするように言われていた
（今はおむつを保育園で処理するので、保護者による持ち帰りはない）

そういえば
旧園舎の頃は
時々ゴキブリが
出没した
すると「退治して！」
と、若い先生達から呼ばれる
（エッエ〜！　年高とはいえ
　苦手なものは苦手です〜う）
これってパワハラ!?

ある日の朝
お姉ちゃんも以前
この保育園に来ていて
今は3才クラスの
男の子を送りに
来ていたおとうさんから
『あなた、保育士ですか？』
と聞かれた

「ハッ　ハイ！
環境整備は　保育士の重要な仕事です」

（とは言うものの…
本音はもっと子ども達と関わりたいなー）

21

どこで会っても声をかけてくれるお日様みたいなサンくん
3才クラスになってからは毎朝おとうさんに

本の部屋で
1冊読んで
もらって
から
保育室に
入る
ようです

ボールあそびしよう

口調は
大人のような
ルルちゃん

だっこして〜

体格も良い
けど白いご飯ばかり
食べるらしい
だから
あえて
言ってみた

ネネまりせんせい
ひさしぶりだねぇ

ひいて
あげる

朝方シフトの私は子ども達の給食前に帰る
3才クラスの子ども達がホールで「パプリカ」を踊ってる
可愛いなーと廊下を隔てた扉の陰から
そっと見てたらディーくん、
サンくんと目が合っちゃった
すると、子ども達がホールから
出て、こちらへ来ようとしている
(これはまずいことに…)
私がホール入り口まで
出向き、担任の先生に
断って堂々と見せてもらった
1曲終わったところで
いっぱい拍手して
みんなとタッチしてサヨナラした
(幸せのおみやげ付きで帰ったのでした)

「ワー大きくなったねぇ!
お野菜も、お魚も
お肉も食べられるように
なったんだねっ!」
『うん』と返事があった

おっとりさんの
リィちゃん

1つ大きくなって
3才クラスはフロアも2階になって
なかなか会えないけど、会うと必ず声をかけてくれる
2020年度2才クラスだった子ども達
この年の2才クラス担任の先生全員が補助の私にも子ども達とたくさん関わらせてくれたのです

勤務1年目の朝のこと

外周りの掃除をしながら、登園の親子を迎え入れる役割があった。名札はつけていない子ども達
私は名前を覚えるのに必死だった。どこの靴箱に入れるかな？　って注意してみたり、
私から直に尋ねたりもして、なんとか全員（100人くらい）覚えた！
やはり名前を呼んであいさつすると、子どもも、その親御さんの表情も
違ってきて、私も親しみを感じるようになってきた
1才クラスの女の子を抱いて、5才クラスのお兄ちゃんを肩車してやってくる逞しいおとうさんがいた
（心の中で守り神のトーテムポールみたいと思って出迎えが楽しみになった）
ある日曜日の早朝、卒園してた大きいお兄ちゃんを含む子ども3人とおかあさんの4人を見かけた
野球とサッカーのスポーツ少年団らしいウエア姿と、妹ちゃんを乗せたおかあさんの3台の自転車が
連なって走ってた。子育て中の、特におかあさんは休み無し
こういう人達の助けになりたいと思っているのと、年高の私が楽しく元気で頑張っていたら、
まだまだ元気で働きたいと思っているばあば世代が保育に参入しやすくなれるといいなと思ったのも
保育士になったきっかけ
ただ、受け入れの現場の空気が何とも微妙。それが無念💧
子どもにとっては親以外の他人の大人に可愛がってもらうって
心の栄養になります！

名前を呼び合うとぐっと距離が近くなる
人と人の間は勿論だけど
公園や道端など歩いていると
（この木や花は何て名前かしら？）
と知りたくなる
名札が付いてたらいいのに！って思う
特徴を書いた名札付きの木があると
しっかり覚えられる
図鑑で調べやすくなって
詳しく知ることができます

還暦を機に、保育士になりたいという夢を叶える為、東京保育専門学校に入学。2年間皆勤で無事卒業でき、保育士と幼稚園教諭の資格を取得。2016年3月に卒業し、4月から認可保育園で保育士として勤務を始める。専門学校では、私が本気なのを知って、先生方もクラスメートも応援してくれて、楽しい学生生活を送ることができた。さらに、1年生の後期には、年齢制限なく選考してもらえ、篠原欣子記念財団の奨学生にもなることができた。元々イラストのような絵を描くのが好きだったこともあり、授業で知った「パネルシアター」（パネルボード上で絵人形を動かして物語を見せる人形劇）にすっかりはまってしまった。

勤務園の子ども達を、自作のパネルシアターのストーリーに登場させたいとワクワクしながら保育士生活が始まった。しかし、現実は甘くなかった。

異業種からの転身、しかも高年齢だからか？　オリジナルの昔話や、童謡、季節の行事のパネルシアターが実演される機会はほとんどなく、掃除やら消毒作業に回されることの多い日々となった。市販されているパネルシアターは広く活用されているようだが、名もなき一介の非常勤保育士の作品は認められるまでのハードルが高いようである。救いなのは、地域の図書館や児童館からお呼びがかかり、定期的に実演して好評を頂いていること。

保育園で過ごしているゆえ気づいたことがある。2、3才の子ども達が何の縛りもなく男女混合で遊んでいると、ほとんどいつも女子が仕切っている。これって、本来は女子の方がリーダーになる資質があるってことでは!?　成長過程の折々や、あちこちで、世間が「男子が主、女子が従」という見えない枠に嵌めてしまっているのではないかと思う。総理大臣も会社社長も女子が向いているのでは!!

今回のこの本の中に紹介している子どもとのエピソードはほんの一部。
魅力的な子ども達のことをもっともっと紹介したいです。

著者プロフィール

しみず まりこ／作・絵

6月27日生まれのかに座
静岡県引佐郡三ケ日町（現在 浜松市）にて育ち、愛知県を経て東京都在住
子どもはそれぞれ自立
保育園（勤務園ではない）でお世話になった孫がいる
得意なことは「IHクッキングヒーター」の取扱説明
（家電芸人さんくらい詳しい）
趣味は四つ葉のクローバーさがし

ネネまりの保育日誌

2023年6月15日　初版第1刷発行

作・絵　　しみず まりこ
発行者　　瓜谷 綱延
発行所　　株式会社文芸社
　　　　　〒160-0022　東京都新宿区新宿1−10−1
　　　　　　　　　電話　03-5369-3060（代表）
　　　　　　　　　　　　03-5369-2299（販売）

印刷所　　図書印刷株式会社

ISBN978-4-286-24175-3　　　　　　　　JASRAC 出 2300794−301